AF618887

PAPIER
FRESSERCHEN
MTM-VERLAG
DIE BÜCHER MIT DEM DRACHEN

Impressum:

Besuchen Sie uns im Internet:
www.papierfresserchen.de

Mühlstraße 10, 88085 Langenargen

info@papierfresserchen.de

Erstauflage 2020

Lektorat: CAT creativ - www.cat-creativ.at

Illustrationen und Cover: Judith Zacharias-Hellwig
Gedruckt in der EU

ISBN: 978-3-86196-991-4 - Taschenbuch
ISBN: 978-3-86196-985-3 - Hardcover

Judith Zacharias-Hellwig

Eine Geschichte über den Tod und die Macht der Liebe

Für dich, kleine oder große Eule!

Damit du nicht vergisst, dass auch du eine Herzkette in deinem tiefsten Innern hast, die dich mit den Menschen verbindet, die du am allermeisten liebst.

Es war einmal ein Eulenkind,
das lebte zusammen mit seinem Eulenvater
und seiner Eulenmutter im tiefen Wald.

Jeden Abend brachte die Eulenmutter ihr Eulenkind zu Bett. Und jeden Abend zum Einschlafen wünschte sich das Eulenkind von seiner Mutter die Geschichte von der Herzkette. Es wünschte sich genau diese Geschichte, weil sie so besonders war.

Eine Herzkette?

„Was ist das?“, fragst du dich jetzt sicherlich. Vielleicht bist du neugierig geworden und möchtest wissen, wie sie aussieht und funktioniert und wofür sie gut ist. Ich werde es dir verraten:

Eine Herzkette ist immer einzigartig und besonders. Sie ist sehr wertvoll und kostbar, auch wenn man sie nicht sehen und nicht anfassen kann.

„Wie soll das gehen?“, lautet vielleicht deine nächste Frage. „Etwas Wertvolles, was man nicht anfassen kann – gibt es das?“

Ja, das gibt es. Und es ist ganz einfach, denn in uns, in unserem tiefsten Innern, da, wo unser Herz schlägt, da kannst du die Herzkette spüren. Sie verbindet – wie die Glieder einer Kette – die Herzen zweier Lebewesen miteinander – wie das Kind mit seiner Mutter, seinem Vater, den Geschwistern, Großeltern und anderen.

Kurz gesagt, sie verbindet die Herzen von großen und kleinen Lebewesen, die sich ganz besonders lieb haben.

Das Wunderbare dieser Herzkette ist, dass sie unendlich groß und weit ist. Das heißt, dass man immer und überall miteinander verbunden ist, auch wenn man sich an unterschiedlichen Orten befindet.

So war das Eulenkind immer dann mit seiner Mutter verbunden, wenn es nicht mit ihr zusammen sein konnte, weil es zum Beispiel in der Schule war, mit seinen Freunden spielte oder bei der Eulenoma übernachtete.

Selbst wenn die Eulenmutter zum Jagen ausflog, spürte das Eulenkind die stete Verbindung zu ihr tief in seinem Herzen, sobald es an sie dachte.

Damit es diese Geschichte niemals vergessen würde, hatte ihm seine Mutter eines Tages eine rote Perlenkette mit einem goldenen Herzanhänger geschenkt, die es von da an immer trug.

Nun geschah es, dass das Eulenkind eines späten Nachmittags zusammen mit seinem Vater auf die Jagdrückkehr seiner Mutter wartete, als es plötzlich an die Tür pochte.

Der Eulenvater öffnete und sah die älteste Eule des Waldes vor sich stehen. Mit gesenktem Kopf sah sie das Eulenkind und seinen Vater an. Man merkte, dass sie nach den richtigen Worten suchte, die es für diesen Moment offensichtlich nicht zu geben schien.

„Ich habe eine traurige Nachricht für euch. Ich habe die Eulenmutter leblos auf der Lichtung des Waldes gefunden. Es tut mir sehr leid ...“

Das Eulenkind durchfuhr ein heißkalter Blitz. Sein Bauch verkrampfte sich schmerzhaft. Sein Körper begann zu zittern und zu beben ... und dann fühlte es sich so an, als würde es innerlich erfrieren und erstarren. Dem Vater schien es ähnlich zu gehen.

Die älteste Eule des Waldes trat ein und setzte sich zusammen mit dem Eulenkind und seinem Vater auf das große Sofa.

Sie hielten inne. Es fehlte an Worten und es herrschte eine unheimliche Stille.

„Leblos ... ohne Leben ... tot ... meine geliebte Eulenmama ...“, flüsterte das Eulenkind vor sich hin und begann zu weinen.

Auch der Eulenvater weinte. Er breitete seinen großen Flügel aus und legte diesen tröstend und haltend um sein geliebtes Eulenkind. Gemeinsam teilten sie den Schmerz, der sich tief in ihrem Innern ausbreitete.

Sehr lange saßen sie in Traurigkeit versunken auf dem großen Sofa und konnten nicht glauben, was passiert war. Sie vergaßen die Zeit und alles, was um sie herum im Wald geschah.

Nichts schien mehr von Bedeutung und wie vorher zu sein.

Bis auf einmal die älteste Eule des Waldes fragte: „Wollen wir zusammen zu dem Ort fliegen, an dem ich die Eulenmutter gefunden habe?“

Vater und Eulenkind sahen sich an und nickten.

Gemeinsam flogen sie durch die sternenklare Nacht zu der Lichtung im Wald, die durch den Schein des Mondes hell erleuchtet war.

Schon von Weitem konnten sie den leblosen Körper der Eulenmutter im weichen Gras liegen sehen.

Sie ließen sich bei ihr nieder und wurden ganz still.
Es schien, als durchflutete die Stille den ganzen großen Wald.

Der Eulenvater legte seinen schützenden Flügel um das Eulenkind. Es war froh, seine Mutter noch einmal sehen und berühren zu dürfen, auch wenn sich das etwas komisch anfühlte. Ganz friedlich lag sie da. Und ein bisschen sah es so aus, als ob sie schliefe.

So verweilten sie einige Zeit und unterhielten sich mit der Eulenmutter. Das heißt, sie sprachen zu ihr, denn antworten konnte sie ja jetzt nicht mehr.

Auch das war ein bisschen komisch, aber irgendwie auch schön, weil sie noch einmal die Möglichkeit hatten, ihr all das zu sagen, was ihnen in diesem Augenblick wichtig erschien, was keiner Antwort bedurfte.

Dann verabschiedete sich das Eulenkind von seiner Eulenmutter und der Vater tat das Gleiche. Gemeinsam mit der ältesten Eule des Waldes flogen sie nach Hause zurück.

Noch lange saßen sie zu dritt auf dem großen Sofa und erzählten sich Geschichten, die sie zusammen mit der Eulenmutter erlebt hatten. Das tat sehr gut. Manchmal mussten sie sogar lachen, denn sie hatten sehr viele schöne und lustige Erlebnisse mit ihr, an die sie sich nun erinnerten.

Zwischendurch stand die älteste Eule des Waldes immer wieder mal auf, um dem Eulenkind und seinem Vater etwas zu essen und zu trinken zu bringen. Sie blieb solange bei ihnen und ließ sie nicht allein, bis der Vater und das Eulenkind beschlossen, schlafen zu gehen.

So verabschiedeten sie sich voneinander und die älteste Eule des Waldes flog davon.

Das Eulenkind fragte seinen Vater, ob es bei ihm schlafen dürfe, denn es wollte in dieser Nacht nicht alleine sein.

Zusammen legten sich die beiden in das große Bett der Euleneltern. Wieder breitete der Vater seinen großen Flügel aus, in den sich das Eulenkind einkuschelte. Geborgen im Flügel des Vaters begann sich der kleine, erstarrte Körper des Eulenkindes langsam aufzuwärmen und zu entspannen.

Es spürte, wie die Tränen in ihm aufstiegen, und es begann, zu schluchzen und zu weinen. Es vermisste schon jetzt seine Mama, die nie mehr zu ihm nach Hause zurückkehren würde.

Da dachte das Eulenkind plötzlich an die Geschichte von der Herzkette und es umfasste sehnsüchtig das Herz, welches es an der Kette um seinen Hals trug.

Das Eulenkind schloss die Augen und dachte an seine Mutter. Es dachte an all die wunderbaren Momente, die sie miteinander erlebt hatten: wie die Eulenmutter es bei seinen ersten Flugversuchen ermutigte und wie sie es tröstete, als es sich wehgetan hatte.

Es dachte daran, wie viel Spaß sie miteinander hatten und wie sehr sie es liebten, zu lachen. Es erinnerte sich auch daran, wie es sich anfühlte, wenn seine Eulenmama ihren weiten, weichen Flügel ausbreitete, um diesen sanft um ihr geliebtes Kind zu legen.

In diesem Augenblick hatte das Eulenkind seine Mutter ganz deutlich vor Augen. Es spürte die wohltuende Wärme in seinem Herzen, die seinen ganzen zarten Körper durchflutete. Es war sich sicher, dass das die Herzkette sein musste, von der ihm die Eulenmutter immer erzählt hatte. Es war nicht nur eine Geschichte oder ein Märchen, es gab sie wirklich, denn jetzt konnte das Eulenkind die Herzkette deutlicher denn je spüren.

Mit diesem wohligen Gefühl schlief das kleine Eulenkind in dieser Nacht ein.

Als es am nächsten Morgen wach wurde, fühlte es sich nicht gut. Das Eulenkind spürte, und ja, es wusste auch, dass von nun an – ohne seine Mutter – alles anders sein würde.

Wirklich alles?

Nein, nicht alles, aber vieles würde sich verändern und nicht mehr so sein, wie es einmal war.

Der Eulenvater fragte sein Kind, ob es heute, nach all dem, was passiert war, bei ihm zu Hause bleiben oder in die Schule gehen wolle.

Daraufhin überlegte das Kind kurz und erklärte dem Vater, dass es gerne seine Freunde sehen würde und auch seine Lehrerin, die es so gerne mochte.

Für das Eulenkind fühlte sich diese Entscheidung richtig an, denn es spürte, dass es ihm guttun würde, zusammen mit seinen Freunden in der Schule zu sein.

Und so war es auch. Beinahe fühlte es sich an wie immer. So, als sei nichts passiert: Es schrieb, las und rechnete. In der Pause spielte es ausgelassen mit seinen Freunden und fühlte sich gut und unbekümmert.

Das waren die Augenblicke, in denen das Eulenkind vergaß, dass seine Mutter nun nicht mehr mit dem Essen zu Hause wartete oder mit ihm Ausflüge machen und ihm Geschichten erzählen würde.

29.01.20

5 + 4 = 9

3 + 6 = 9

7 + 2 = 9

8 + 1 =

Immer wieder gab es aber auch diese schweren Momente, in denen es die Eulenmutter schmerzlich vermisste. In solchen Augenblicken wurde das Eulenkind ganz still. Es schloss seine Augen, umfasste das goldene Herz an seiner roten Perlenkette und lauschte in sich hinein.

Es horchte in sein tiefstes Inneres, dorthin, wo es sein Herz spüren konnte. Und immer dann erschienen ihm die lebendigsten Bilder von seiner Eulenmutter und es erinnerte sich an all die wunderbaren Augenblicke, die sie miteinander erlebt hatten.

In diesen stillen Momenten, wenn das Eulenkind ganz bei sich war, konnte es die Herzkette ganz deutlich spüren. Es war diese tiefe Verbundenheit zwischen ihm und seiner Mutter, auch wenn diese nun ganz woanders war.

Durch die Herzkette spürte das Eulenkind, dass die Liebe zwischen ihm und seiner Mama unendlich war und damit stärker als der Tod.

Bastelanleitung Herzkette

Was du für eine Herzkette benötigst:

- ein dünnes Band aus Leder, Kautschuk, Baumwolle ...
- Perlen aus Holz, Glas, Keramik ...
- einen Herz-Anhänger aus Gold, Silber, Edelstein, Holz ...

Da die Herzkette zwischen zwei sich liebenden Menschen immer einzigartig und individuell ist, darf auch die selbst gebastelte Kette sehr gerne kunterbunt, besonders und unverwechselbar sein. Deshalb sind der Fantasie und der Kreativität bei der Gestaltung deiner persönlichen Herzkette keine Grenzen gesetzt.

Und so bastelst du die Herzkette:

Fädele die Perlen und den Herzanhänger so auf das Band auf, dass das Herz in der Mitte sitzt, wenn du dir die Kette um den Hals bindest – fertig ist deine Herzkette.

Ich wünsche dir und euch viel Freude beim Basteln!

Deine Judith

Judith Zacharias-Hellwig, geboren 1975 in Koblenz/ Rhein. Judith Zacharias-Hellwig ist verheiratet, hat zwei Töchter und lebt im vorderen Westerwald.

Sie ist staatlich anerkannte Erzieherin, Heilpädagogin, systemische Therapeutin und Familientherapeutin und arbeitete mehrere Jahre im Kindergarten sowie in der ambulanten Kindertherapie eines Sozialpädiatrischen Zentrums.

Nach fünfjähriger Elternzeit arbeitet Judith Zacharias-Hellwig freiberuflich als systemische Therapeutin und Supervisorin.

Ein Danke:

Danke an meine geliebte Familie.

Danke an Mario, der für mich bereit ist, Nachtschichten einzulegen – du bist einfach unersetzlich!

Danke an Gundula, Udo, Frank und Jörg für ein allzeit offenes Ohr, neue Impulse und kritische Reflexionen.

Danke an Sylvia für den letzten germanistischen Schliff.

Danke an die Menschen, die mir nahe stehen und mich durch ihre alleinige Existenz unterstützen.

Danke an alle Menschen, die mich tagtäglich inspirieren.

Judith Zacharias-Hellwig
Mama & Papa, sagt es mit, wo komm ich nur wirklich her
Geschichte zum Thema doppelte Elternschaft bei Adoption und Pflegekontext

ISBN: 978-3-86196-805-4
Taschenbuch, 28 Seiten, farbig illustriert

Das kleine Lila ist das Kind von Mama Gelb und Papa Grün. Eines Tages fragt sich das Kind jedoch, weshalb es so anders als seine Eltern aussieht, und ruft es laut heraus: „Mama und Papa, sagt es mir, wo komm ich nur wirklich her?“ Die Eltern schließen ihr Kind bei diesem brisanten Thema in ihre Arme und klären liebevoll über den Adoptionshintergrund ihres kleinen Lilas auf: darüber, dass es noch zwei weitere Eltern hat, nämlich Papa Blau und Mama Rot.

Diese beiden Eltern konnten es damals nicht ausreichend versorgen, weshalb es als Baby zu Mama Gelb und Papa Grün kam, die sich schon lange nach einem Kind sehnten, aber leider kein eigenes bekamen.

Und von diesem Tag an sind das kleine Lila, Mama Gelb und Papa Grün eine vollständige Familie und sehr glücklich.

Judith Zacharias-Hellwig
Das kleine Kunterbunt
Eine Geschichte über Patchworkfamilien und Bonuseltern

ISBN: 978-3-86196-804-7
Taschenbuch, 32 Seiten, farbig illustriert

Nach der Trennung seiner Eltern hat das kleine Kunterbunt zwei Zuhause. Zu Beginn der Geschichte ist es noch nicht kunterbunt gemustert, sondern lediglich rot wie seine Mutter, gelb wie der Vater und orange, weil Orange die Mischfarbe aus Rot und Gelb ist.

Nach einiger Zeit lernt der Vater des kleinen Kunterbunt Freundin Blau kennen und verliebt sich in sie. Erst ist das für das kleine Kunterbunt etwas komisch, denn Freundin Blau ist ihm ja noch fremd, doch dann geschehen wundersame Dinge und das kleine Kunterbunt nimmt plötzlich ein bisschen Blau von ihr an.

Lasst euch erzählen, wie das kleine Kunterbunt zu seinen Farben kommt und an vertrauensvollen Beziehungen dazugewinnt.

Printed in Poland
by Amazon Fulfillment
Poland Sp. z o.o., Wrocław